THIS JOURNAL BELONGS TO

_____

potter

20 ___ ★ _____
_____
_____
_____

20 ___ ★ _____
_____
_____
_____

20 ___ ★ _____
_____
_____
_____

20 ___ ★ _____
_____
_____
_____

20 ___ ★ _____
_____
_____
_____

2

Can people change?

20 ___ ★ _____

_____

_____

_____

20 ___ ★ _____

_____

_____

_____

20 ___ ★ _____

_____

_____

_____

20 ___ ★ _____

_____

_____

_____

20 ___ ★ _____

_____

_____

_____

What are you reading right now?

3

20 ___ ★ _____
_____
_____
_____

20 ___ ★ _____
_____
_____
_____

20 ___ ★ _____
_____
_____
_____

20 ___ ★ _____
_____
_____
_____

20 ___ ★ _____
_____
_____
_____

4

JANUARY
The best part of today?

20 ___ ★ _____

_____

_____

_____

20 ___ ★ _____

_____

_____

_____

20 ___ ★ _____

_____

_____

_____

20 ___ ★ _____

_____

_____

_____

20 ___ ★ _____

_____

_____

_____

What was the last restaurant
you went to?

20 ___ ★ _____

_____

_____

_____

20 ___ ★ _____

_____

_____

_____

20 ___ ★ _____

_____

_____

_____

20 ___ ★ _____

_____

_____

_____

20 ___ ★ _____

_____

_____

_____

6

JANUARY

Today was tough because _____.

20 ___ ★ _____
_____
_____
_____

20 ___ ★ _____
_____
_____
_____

20 ___ ★ _____
_____
_____
_____

20 ___ ★ _____
_____
_____
_____

20 ___ ★ _____
_____
_____
_____

7

You are lucky; how so or not so?

20 ___ ⋆ _____

_____

_____

_____

20 ___ ⋆ _____

_____

_____

_____

20 ___ ⋆ _____

_____

_____

_____

20 ___ ⋆ _____

_____

_____

_____

20 ___ ⋆ _____

_____

_____

_____

8

What song is stuck in your head?

20 ____ ★ _____

_____

_____

_____

20 ____ ★ _____

_____

_____

_____

20 ____ ★ _____

_____

_____

_____

20 ____ ★ _____

_____

_____

_____

20 ____ ★ _____

_____

_____

_____

Was today typical? Why or why not?

20 ___ ★ _____

20 ___ ★ _____

20 ___ ★ _____

20 ___ ★ _____

20 ___ ★ _____

10

Write down something
that inspired you today.

20 ___ ★ _____

_____

_____

_____

20 ___ ★ _____

_____

_____

_____

20 ___ ★ _____

_____

_____

_____

20 ___ ★ _____

_____

_____

_____

20 ___ ★ _____

_____

_____

_____

Today you lost _____.

20 ___ ★ _____

_____

_____

_____

20 ___ ★ _____

_____

_____

_____

20 ___ ★ _____

_____

_____

_____

20 ___ ★ _____

_____

_____

_____

20 ___ ★ _____

_____

_____

_____

12

What's your favorite accessory?

20 ___ ★ _____

_____

_____

_____

20 ___ ★ _____

_____

_____

_____

20 ___ ★ _____

_____

_____

_____

20 ___ ★ _____

_____

_____

_____

20 ___ ★ _____

_____

_____

_____

Where do you want to travel next?

20 ___ ★ _____

_____

_____

_____

20 ___ ★ _____

_____

_____

_____

20 ___ ★ _____

_____

_____

_____

20 ___ ★ _____

_____

_____

_____

20 ___ ★ _____

_____

_____

_____

14

Are you a leader or a follower?

20 ___ ★ _____

_____

_____

_____

20 ___ ★ _____

_____

_____

_____

20 ___ ★ _____

_____

_____

_____

20 ___ ★ _____

_____

_____

_____

20 ___ ★ _____

_____

_____

_____

On a scale of one to ten,
how was your lunch today?

20 ___ ★ _____
_____
_____
_____

20 ___ ★ _____
_____
_____
_____

20 ___ ★ _____
_____
_____
_____

20 ___ ★ _____
_____
_____
_____

20 ___ ★ _____
_____
_____
_____

16

Do you owe someone money?
Does someone owe you?

20 ___ ★ _____

_____

_____

_____

20 ___ ★ _____

_____

_____

_____

20 ___ ★ _____

_____

_____

_____

20 ___ ★ _____

_____

_____

_____

20 ___ ★ _____

_____

_____

_____

20 ____ ★ ....

_____

_____

_____

20 ____ ★ ....

_____

_____

_____

20 ____ ★ ....

_____

_____

_____

20 ____ ★ ....

_____

_____

_____

20 ____ ★ ....

_____

_____

_____

18

JANUARY

What was peaceful about today?

20 ___ ★ _____

_____

_____

20 ___ ★ _____

_____

_____

20 ___ ★ _____

_____

_____

20 ___ ★ _____

_____

_____

20 ___ ★ _____

_____

_____

20 ___ ★ _____

_____

_____

_____

20 ___ ★ _____

_____

_____

_____

20 ___ ★ _____

_____

_____

_____

20 ___ ★ _____

_____

_____

_____

20 ___ ★ _____

_____

_____

_____

20

Are you holding a
grudge? About?

20 ___ ★ _____

_____

_____

_____

20 ___ ★ _____

_____

_____

_____

20 ___ ★ _____

_____

_____

_____

20 ___ ★ _____

_____

_____

_____

20 ___ ★ _____

_____

_____

_____

20 ___ ★ _____

_____

_____

_____

20 ___ ★ _____

_____

_____

_____

20 ___ ★ _____

_____

_____

_____

20 ___ ★ _____

_____

_____

_____

20 ___ ★ _____

_____

_____

_____

22

JANUARY

Are you seeking security
or adventure?

20 ___ ★ _____

_____

_____

_____

20 ___ ★ _____

_____

_____

_____

20 ___ ★ _____

_____

_____

_____

20 ___ ★ _____

_____

_____

_____

20 ___ ★ _____

_____

_____

_____

20 __ ★ _____

_____

_____

_____

20 __ ★ _____

_____

_____

_____

20 __ ★ _____

_____

_____

_____

20 __ ★ _____

_____

_____

_____

20 __ ★ _____

_____

_____

_____

24

JANUARY

If you were going to
start your own company,
what would it be?

20 ___ ★ _____

_____

_____

_____

20 ___ ★ _____

_____

_____

_____

20 ___ ★ _____

_____

_____

_____

20 ___ ★ _____

_____

_____

_____

20 ___ ★ _____

_____

_____

_____

20 ___ ★ _____

_____

_____

_____

20 ___ ★ _____

_____

_____

_____

20 ___ ★ _____

_____

_____

_____

20 ___ ★ _____

_____

_____

_____

20 ___ ★ _____

_____

_____

_____

26

JANUARY

Today you needed
more _____.

20 ___ ★ _____
_____
_____
_____

20 ___ ★ _____
_____
_____
_____

20 ___ ★ _____
_____
_____
_____

20 ___ ★ _____
_____
_____
_____

20 ___ ★ _____
_____
_____
_____

27

Which art movement best
describes you today? (Surrealism?
Modernism? Dada?)

20 ___ ★ _____
_____
_____
_____

20 ___ ★ _____
_____
_____
_____

20 ___ ★ _____
_____
_____
_____

20 ___ ★ _____
_____
_____
_____

20 ___ ★ _____
_____
_____

28

How do you describe home?

20 ___ ★ _____

_____

_____

_____

20 ___ ★ _____

_____

_____

_____

20 ___ ★ _____

_____

_____

_____

20 ___ ★ _____

_____

_____

_____

20 ___ ★ _____

_____

_____

_____

JANUARY

29

What was the last TV
show you watched?

20 ___ ★ _____

_____

_____

_____

20 ___ ★ _____

_____

_____

_____

20 ___ ★ _____

_____

_____

_____

20 ___ ★ _____

_____

_____

_____

20 ___ ★ _____

_____

_____

_____

30

JANUARY

What do you want to forget?

20 ___ ★ _____
_____
_____
_____

20 ___ ★ _____
_____
_____
_____

20 ___ ★ _____
_____
_____
_____

20 ___ ★ _____
_____
_____
_____

20 ___ ★ _____
_____
_____
_____

20 ___ ★ _____

_____

_____

_____

20 ___ ★ _____

_____

_____

_____

20 ___ ★ _____

_____

_____

_____

20 ___ ★ _____

_____

_____

_____

20 ___ ★ _____

_____

_____

_____

1

FEBRUARY

What is your resolution
for tomorrow?

20 ___ ★ _____

_____

_____

_____

20 ___ ★ _____

_____

_____

_____

20 ___ ★ _____

_____

_____

_____

20 ___ ★ _____

_____

_____

_____

20 ___ ★ _____

_____

_____

_____

FEBRUARY

Who do you live with?

2

20 ___ ★ _____

_____

_____

_____

20 ___ ★ _____

_____

_____

_____

20 ___ ★ _____

_____

_____

_____

20 ___ ★ _____

_____

_____

_____

20 ___ ★ _____

_____

_____

_____

3

FEBRUARY

On a scale of one to ten,
how sad are you? Why?

20 ___ ★ _____
_____
_____

20 ___ ★ _____
_____
_____

20 ___ ★ _____
_____
_____

20 ___ ★ _____
_____
_____

20 ___ ★ _____
_____
_____

FEBRUARY 4

Outside, the weather is _____.

20 ___ ★ _____

20 ___ ★ _____

20 ___ ★ _____

20 ___ ★ _____

20 ___ ★ _____

5

FEBRUARY

What are you obsessively
listening to?

20 ___ ★ _____

_____

_____

_____

20 ___ ★ _____

_____

_____

_____

20 ___ ★ _____

_____

_____

_____

20 ___ ★ _____

_____

_____

_____

20 ___ ★ _____

_____

_____

_____

Are you seeking contentment
or excitement?

20 ___ ★ _____

_____

_____

_____

20 ___ ★ _____

_____

_____

_____

20 ___ ★ _____

_____

_____

_____

20 ___ ★ _____

_____

_____

_____

20 ___ ★ _____

_____

_____

_____

7

FEBRUARY

What are three things
you have to buy?

20 ___ ★ _____

_____

_____

_____

20 ___ ★ _____

_____

_____

_____

20 ___ ★ _____

_____

_____

_____

20 ___ ★ _____

_____

_____

_____

20 ___ ★ _____

_____

_____

_____

20 ___ ★ _____

_____

_____

_____

20 ___ ★ _____

_____

_____

_____

20 ___ ★ _____

_____

_____

_____

20 ___ ★ _____

_____

_____

_____

20 ___ ★ _____

_____

_____

_____

9

How late did you sleep?

20 ___ ★ _____

_____

_____

_____

20 ___ ★ _____

_____

_____

_____

20 ___ ★ _____

_____

_____

_____

20 ___ ★ _____

_____

_____

_____

20 ___ ★ _____

_____

_____

_____

20 ___ ★ _____

_____

_____

_____

20 ___ ★ _____

_____

_____

_____

20 ___ ★ _____

_____

_____

_____

20 ___ ★ _____

_____

_____

_____

20 ___ ★ _____

_____

_____

_____

11

FEBRUARY

How did you get
to work today?

20 ___ ★ _____

_____

_____

_____

20 ___ ★ _____

_____

_____

_____

20 ___ ★ _____

_____

_____

_____

20 ___ ★ _____

_____

_____

_____

20 ___ ★ _____

_____

_____

_____

What is your biggest
obstacle right now?

20 ___ ★ _____

_____

_____

_____

20 ___ ★ _____

_____

_____

_____

20 ___ ★ _____

_____

_____

_____

20 ___ ★ _____

_____

_____

_____

20 ___ ★ _____

_____

_____

_____

13

What's your favorite
question to ask people?

20 ___ ★ _____

_____

_____

20 ___ ★ _____

_____

_____

20 ___ ★ _____

_____

_____

20 ___ ★ _____

_____

_____

20 ___ ★ _____

_____

_____

20 —— ★ _____
_____
_____
_____

20 —— ★ _____
_____
_____
_____

20 —— ★ _____
_____
_____
_____

20 —— ★ _____
_____
_____
_____

20 —— ★ _____
_____
_____
_____

15

FEBRUARY

Write down the cure
for a broken heart.

20 ___ ★ _____

_____

_____

_____

20 ___ ★ _____

_____

_____

_____

20 ___ ★ _____

_____

_____

_____

20 ___ ★ _____

_____

_____

_____

20 ___ ★ _____

_____

_____

_____

What was the last performance
or concert you went to?

20 ___ ★ _____

_____

_____

_____

20 ___ ★ _____

_____

_____

_____

20 ___ ★ _____

_____

_____

_____

20 ___ ★ _____

_____

_____

_____

20 ___ ★ _____

_____

_____

17

If you could change something about today, what would it be?

20 ___ ★ _____

_____

_____

_____

20 ___ ★ _____

_____

_____

_____

20 ___ ★ _____

_____

_____

_____

20 ___ ★ _____

_____

_____

_____

20 ___ ★ _____

_____

_____

_____

18

What's the most expensive
thing you're wearing now?

20 ___ ★ _____

_____

_____

_____

20 ___ ★ _____

_____

_____

_____

20 ___ ★ _____

_____

_____

_____

20 ___ ★ _____

_____

_____

_____

20 ___ ★ _____

_____

_____

_____

19

Who is the craziest
person in your life?

20 ___ ★ _____

_____

_____

_____

20 ___ ★ _____

_____

_____

_____

20 ___ ★ _____

_____

_____

_____

20 ___ ★ _____

_____

_____

_____

20 ___ ★ _____

_____

_____

_____

20 ___ ★ _____

_____

_____

_____

20 ___ ★ _____

_____

_____

_____

20 ___ ★ _____

_____

_____

_____

20 ___ ★ _____

_____

_____

_____

20 ___ ★ _____

_____

_____

_____

21

What is the current buzzword?

20 ___ ★ _____

_____

_____

_____

20 ___ ★ _____

_____

_____

_____

20 ___ ★ _____

_____

_____

_____

20 ___ ★ _____

_____

_____

_____

20 ___ ★ _____

_____

_____

_____

20 ___ ★ _____

_____

_____

_____

20 ___ ★ _____

_____

_____

_____

20 ___ ★ _____

_____

_____

_____

20 ___ ★ _____

_____

_____

_____

20 ___ ★ _____

_____

_____

_____

23

FEBRUARY

What's the most embarrassing purchase on a recent credit card statement?

20 ___ ★ _____

_____

_____

_____

20 ___ ★ _____

_____

_____

_____

20 ___ ★ _____

_____

_____

_____

20 ___ ★ _____

_____

_____

_____

20 ___ ★ _____

_____

_____

_____

20 ___ ★ _____

_____

_____

_____

20 ___ ★ _____

_____

_____

_____

20 ___ ★ _____

_____

_____

_____

20 ___ ★ _____

_____

_____

_____

20 ___ ★ _____

_____

_____

_____

25

What's the last dream
you remember?

20 ___ ★ _____

_____

_____

20 ___ ★ _____

_____

_____

20 ___ ★ _____

_____

_____

20 ___ ★ _____

_____

_____

20 ___ ★ _____

_____

_____

20 ___ ★ _____

_____

_____

_____

20 ___ ★ _____

_____

_____

_____

20 ___ ★ _____

_____

_____

_____

20 ___ ★ _____

_____

_____

_____

20 ___ ★ _____

_____

_____

_____

27

Are you the original or
the remix? Why?

20 ___ ★ _____

_____

_____

_____

20 ___ ★ _____

_____

_____

_____

20 ___ ★ _____

_____

_____

_____

20 ___ ★ _____

_____

_____

_____

20 ___ ★ _____

_____

_____

_____

FEBRUARY

28

When was the last time
you were sick?

20 ___ ★ _____
_____
_____
_____

20 ___ ★ _____
_____
_____
_____

20 ___ ★ _____
_____
_____
_____

20 ___ ★ _____
_____
_____
_____

20 ___ ★ _____
_____
_____
_____

29

FEBRUARY

Leap year? What did you
do with the extra day?

20 ___ ★ _____
_____
_____

20 ___ ★ _____
_____
_____

20 ___ ★ _____
_____
_____

20 ___ ★ _____
_____
_____

20 ___ ★ _____
_____
_____

20 ___ ★ _____

_____

_____

_____

20 ___ ★ _____

_____

_____

_____

20 ___ ★ _____

_____

_____

_____

20 ___ ★ _____

_____

_____

_____

20 ___ ★ _____

_____

_____

_____

2

MARCH
Salty or sweet?

20 ___ ★ _____

_____

_____

_____

20 ___ ★ _____

_____

_____

_____

20 ___ ★ _____

_____

_____

_____

20 ___ ★ _____

_____

_____

_____

20 ___ ★ _____

_____

_____

_____

Did you sleep alone last night?

3

20 ___ ★ _____

_____

_____

_____

20 ___ ★ _____

_____

_____

_____

20 ___ ★ _____

_____

_____

_____

20 ___ ★ _____

_____

_____

_____

20 ___ ★ _____

_____

_____

_____

4

MARCH

What would you like to
ask your mother?

20 ___ ★ _____

_____

_____

_____

20 ___ ★ _____

_____

_____

_____

20 ___ ★ _____

_____

_____

_____

20 ___ ★ _____

_____

_____

_____

20 ___ ★ _____

_____

_____

_____

20 ___ ★ _____

_____

_____

_____

20 ___ ★ _____

_____

_____

_____

20 ___ ★ _____

_____

_____

_____

20 ___ ★ _____

_____

_____

_____

20 ___ ★ _____

_____

_____

_____

6

MARCH
Who's your nemesis?

20 ___ ★ _____

_____

_____

_____

20 ___ ★ _____

_____

_____

_____

20 ___ ★ _____

_____

_____

_____

20 ___ ★ _____

_____

_____

_____

20 ___ ★ _____

_____

_____

_____

It's not a good idea to
experiment with _____.

20 ___ ★ _____

_____

_____

_____

20 ___ ★ _____

_____

_____

_____

20 ___ ★ _____

_____

_____

_____

20 ___ ★ _____

_____

_____

_____

20 ___ ★ _____

_____

_____

_____

8

MARCH

What's the last song
you listened to?

20 ___ ★ _____

_____

_____

20 ___ ★ _____

_____

_____

20 ___ ★ _____

_____

_____

20 ___ ★ _____

_____

_____

20 ___ ★ _____

_____

_____

20 ___ ★ _____

_____

_____

_____

20 ___ ★ _____

_____

_____

_____

20 ___ ★ _____

_____

_____

_____

20 ___ ★ _____

_____

_____

_____

20 ___ ★ _____

_____

_____

_____

10

MARCH

What was the last
movie you rented?

20 ___ ★ _____

_____

_____

_____

20 ___ ★ _____

_____

_____

_____

20 ___ ★ _____

_____

_____

_____

20 ___ ★ _____

_____

_____

_____

20 ___ ★ _____

_____

_____

_____

What was something you
wanted today, but couldn't have?

20 —— ★ _____

_____

_____

_____

20 —— ★ _____

_____

_____

_____

20 —— ★ _____

_____

_____

_____

20 —— ★ _____

_____

_____

_____

20 —— ★ _____

_____

_____

_____

12

MARCH

Where do you live?

20 ___ ★ _____

_____

_____

_____

20 ___ ★ _____

_____

_____

_____

20 ___ ★ _____

_____

_____

_____

20 ___ ★ _____

_____

_____

_____

20 ___ ★ _____

_____

_____

_____

If you could add one hour to your
day, what would you do with it?

20 ___ ★ _____

_____

_____

_____

20 ___ ★ _____

_____

_____

_____

20 ___ ★ _____

_____

_____

_____

20 ___ ★ _____

_____

_____

_____

20 ___ ★ _____

_____

_____

_____

14

MARCH
What is true?

20 ___ ★ _____

_____

_____

_____

20 ___ ★ _____

_____

_____

_____

20 ___ ★ _____

_____

_____

_____

20 ___ ★ _____

_____

_____

_____

20 ___ ★ _____

_____

_____

_____

20 ____ ★ _____

_____

_____

_____

20 ____ ★ _____

_____

_____

_____

20 ____ ★ _____

_____

_____

_____

20 ____ ★ _____

_____

_____

_____

20 ____ ★ _____

_____

_____

_____

16

What do you want to buy?

20 ___ ★ _____
_____
_____
_____

20 ___ ★ _____
_____
_____
_____

20 ___ ★ _____
_____
_____
_____

20 ___ ★ _____
_____
_____
_____

20 ___ ★ _____
_____
_____
_____

What new activity have you tried?

20 ___ ★ _____

_____

_____

_____

20 ___ ★ _____

_____

_____

_____

20 ___ ★ _____

_____

_____

_____

20 ___ ★ _____

_____

_____

_____

20 ___ ★ _____

_____

_____

_____

18

MARCH

In three words, describe your spirituality.

20 ___ ★ _____

_____

_____

_____

20 ___ ★ _____

_____

_____

_____

20 ___ ★ _____

_____

_____

_____

20 ___ ★ _____

_____

_____

_____

20 ___ ★ _____

_____

_____

_____

20 ___ ★ _____

_____

_____

_____

20 ___ ★ _____

_____

_____

_____

20 ___ ★ _____

_____

_____

_____

20 ___ ★ _____

_____

_____

_____

20 ___ ★ _____

_____

_____

_____

20

What was the last
book you read?

20 ___ ★ _____

_____

_____

20 ___ ★ _____

_____

_____

20 ___ ★ _____

_____

_____

20 ___ ★ _____

_____

_____

20 ___ ★ _____

_____

_____

20 ___ ★ _____

_____

_____

_____

20 ___ ★ _____

_____

_____

_____

20 ___ ★ _____

_____

_____

_____

20 ___ ★ _____

_____

_____

_____

20 ___ ★ _____

_____

_____

_____

22

MARCH

Jot down a news
story from today.

20 ___ ★ _____

_____

_____

_____

20 ___ ★ _____

_____

_____

_____

20 ___ ★ _____

_____

_____

_____

20 ___ ★ _____

_____

_____

_____

20 ___ ★ _____

_____

_____

_____

Are you country or rock
'n' roll (or hip-hop, emo,
folk, punk . . .)?

20 ___ ★ _____

_____

_____

_____

20 ___ ★ _____

_____

_____

_____

20 ___ ★ _____

_____

_____

_____

20 ___ ★ _____

_____

_____

_____

20 ___ ★ _____

_____

_____

_____

24

MARCH

What did you daydream
about today?

20 ___ ★ _____

_____

_____

_____

20 ___ ★ _____

_____

_____

_____

20 ___ ★ _____

_____

_____

_____

20 ___ ★ _____

_____

_____

_____

20 ___ ★ _____

_____

_____

_____

20 ___ ★ _____
_____
_____
_____

20 ___ ★ _____
_____
_____
_____

20 ___ ★ _____
_____
_____
_____

20 ___ ★ _____
_____
_____
_____

20 ___ ★ _____
_____
_____
_____

26

Who do you aspire to be like?

20 ___ ★ _____

_____

_____

_____

20 ___ ★ _____

_____

_____

_____

20 ___ ★ _____

_____

_____

_____

20 ___ ★ _____

_____

_____

_____

20 ___ ★ _____

_____

_____

_____

When was the last time
you felt like you were
on top of the world?

20 ___ ★ _____

_____

_____

_____

20 ___ ★ _____

_____

_____

_____

20 ___ ★ _____

_____

_____

_____

20 ___ ★ _____

_____

_____

_____

20 ___ ★ _____

_____

_____

_____

28

What do you want to
remember about today?

20 ___ ★ _____

_____

_____

_____

20 ___ ★ _____

_____

_____

_____

20 ___ ★ _____

_____

_____

_____

20 ___ ★ _____

_____

_____

_____

20 ___ ★ _____

_____

_____

_____

MARCH

29

Write down a few lines
from a song or poem that
you identify with today.

20 __ ★ _____

_____

_____

_____

20 __ ★ _____

_____

_____

_____

20 __ ★ _____

_____

_____

_____

20 __ ★ _____

_____

_____

_____

20 __ ★ _____

_____

_____

_____

30

20 _____ ★ _____

_____

_____

_____

20 _____ ★ _____

_____

_____

_____

20 _____ ★ _____

_____

_____

_____

20 _____ ★ _____

_____

_____

_____

20 _____ ★ _____

_____

_____

_____

20 —— ★ _____

_____

_____

_____

20 —— ★ _____

_____

_____

_____

20 —— ★ _____

_____

_____

_____

20 —— ★ _____

_____

_____

_____

20 —— ★ _____

_____

_____

_____

1

APRIL
Who are you fooling?

20 ___ ★ _____

_____

_____

_____

20 ___ ★ _____

_____

_____

_____

20 ___ ★ _____

_____

_____

_____

20 ___ ★ _____

_____

_____

_____

20 ___ ★ _____

_____

_____

_____

20 ___ ⋆ _____

_____

_____

_____

20 ___ ⋆ _____

_____

_____

_____

20 ___ ⋆ _____

_____

_____

_____

20 ___ ⋆ _____

_____

_____

_____

20 ___ ⋆ _____

_____

_____

_____

3

Did you have fun today? Because?

20 ___ ★ _____
_____
_____
_____

20 ___ ★ _____
_____
_____
_____

20 ___ ★ _____
_____
_____

20 ___ ★ _____
_____
_____
_____

20 ___ ★ _____
_____
_____
_____

If you could wish for one thing to
happen today, what would it be?

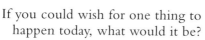

20 ___ ★ _____

_____

_____

_____

20 ___ ★ _____

_____

_____

_____

20 ___ ★ _____

_____

_____

_____

20 ___ ★ _____

_____

_____

_____

20 ___ ★ _____

_____

_____

_____

5

APRIL

_____ was inspiring.

20 ___ ★ _____

_____

_____

_____

20 ___ ★ _____

_____

_____

_____

20 ___ ★ _____

_____

_____

_____

20 ___ ★ _____

_____

_____

_____

20 ___ ★ _____

_____

_____

_____

What was the last take-
out meal you ordered?

20 ___ ★ _____

_____

_____

_____

20 ___ ★ _____

_____

_____

_____

20 ___ ★ _____

_____

_____

_____

20 ___ ★ _____

_____

_____

_____

20 ___ ★ _____

_____

_____

_____

7

APRIL
What colors are you wearing?

20 ___ ★ _____

_____

_____

_____

20 ___ ★ _____

_____

_____

_____

20 ___ ★ _____

_____

_____

_____

20 ___ ★ _____

_____

_____

_____

20 ___ ★ _____

_____

_____

_____

What is your secret passion?

20 ___ ★ _____

_____

_____

_____

20 ___ ★ _____

_____

_____

_____

20 ___ ★ _____

_____

_____

_____

20 ___ ★ _____

_____

_____

_____

20 ___ ★ _____

_____

_____

_____

9

APRIL

Where do you feel most at home?

20 ___ ★ _____

_____

_____

_____

20 ___ ★ _____

_____

_____

_____

20 ___ ★ _____

_____

_____

_____

20 ___ ★ _____

_____

_____

_____

20 ___ ★ _____

_____

_____

_____

A chore you ignored
today _____.

20 __ ★ _____

_____

_____

_____

20 __ ★ _____

_____

_____

_____

20 __ ★ _____

_____

_____

_____

20 __ ★ _____

_____

_____

_____

20 __ ★ _____

_____

_____

_____

11

APRIL

What sound effect are
you most like today?

20 ___ ★ _____

_____

_____

20 ___ ★ _____

_____

_____

20 ___ ★ _____

_____

_____

20 ___ ★ _____

_____

_____

20 ___ ★ _____

_____

_____

Write down a new fact
you recently learned.

20 ___ ★ _____

20 ___ ★ _____

20 ___ ★ _____

20 ___ ★ _____

20 ___ ★ _____

13

APRIL

What is your favorite thing to do on a Sunday morning?

20 ___ ★ _____

_____

_____

_____

20 ___ ★ _____

_____

_____

_____

20 ___ ★ _____

_____

_____

_____

20 ___ ★ _____

_____

_____

_____

20 ___ ★ _____

_____

_____

_____

If you could acquire a talent
(without any extra effort),
what would it be?

20 ___ ★ _____

_____

_____

20 ___ ★ _____

_____

_____

20 ___ ★ _____

_____

_____

20 ___ ★ _____

_____

_____

20 ___ ★ _____

_____

_____

15

APRIL
Which celebrity would you want to interview?

20 ___ ★ _____

_____

_____

_____

20 ___ ★ _____

_____

_____

_____

20 ___ ★ _____

_____

_____

_____

20 ___ ★ _____

_____

_____

_____

20 ___ ★ _____

_____

_____

_____

20 —— ★ _____

_____

_____

20 —— ★ _____

_____

_____

20 —— ★ _____

_____

_____

20 —— ★ _____

_____

_____

20 —— ★ _____

_____

_____

17

APRIL
What do you think is your
biggest shortcoming?

20 ___ ★ _____

_____

_____

_____

20 ___ ★ _____

_____

_____

_____

20 ___ ★ _____

_____

_____

_____

20 ___ ★ _____

_____

_____

_____

20 ___ ★ _____

_____

_____

_____

20 ___ ★ _____

_____

_____

_____

20 ___ ★ _____

_____

_____

_____

20 ___ ★ _____

_____

_____

_____

20 ___ ★ _____

_____

_____

_____

20 ___ ★ _____

_____

_____

_____

19

APRIL

What famous person would you bring back from the dead to have dinner with?

20 ___ ★ _____

_____

_____

20 ___ ★ _____

_____

_____

20 ___ ★ _____

_____

_____

20 ___ ★ _____

_____

_____

20 ___ ★ _____

_____

_____

20 ___ ★ _____

_____

_____

_____

20 ___ ★ _____

_____

_____

_____

20 ___ ★ _____

_____

_____

_____

20 ___ ★ _____

_____

_____

_____

20 ___ ★ _____

_____

_____

_____

21

APRIL

What do you want to say when
someone asks "What do you do"?

20 ___ ★ _____

_____

_____

_____

20 ___ ★ _____

_____

_____

_____

20 ___ ★ _____

_____

_____

_____

20 ___ ★ _____

_____

_____

_____

20 ___ ★ _____

_____

_____

_____

APRIL

22

You wish you could stop
_____ from happening.

20 ___ ★ _____

_____

_____

_____

20 ___ ★ _____

_____

_____

_____

20 ___ ★ _____

_____

_____

_____

20 ___ ★ _____

_____

_____

_____

20 ___ ★ _____

_____

_____

_____

23

How would your parents
describe you? (You can
call them and ask.)

20 ___ ★ _____

_____

_____

_____

20 ___ ★ _____

_____

_____

_____

20 ___ ★ _____

_____

_____

_____

20 ___ ★ _____

_____

_____

_____

20 ___ ★ _____

_____

_____

_____

Is life fair? Yes? No?
Sometimes? Not today?

20 __ ★ _____
_____
_____
_____

20 __ ★ _____
_____
_____
_____

20 __ ★ _____
_____
_____
_____

20 __ ★ _____
_____
_____
_____

20 __ ★ _____
_____
_____
_____

25

Who do you need to call?

20 ___ ★ _____
_____
_____
_____

20 ___ ★ _____
_____
_____
_____

20 ___ ★ _____
_____
_____
_____

20 ___ ★ _____
_____
_____
_____

20 ___ ★ _____
_____
_____
_____

How much spare change
do you have?

20 ___ ★ _____

_____

_____

_____

20 ___ ★ _____

_____

_____

_____

20 ___ ★ _____

_____

_____

_____

20 ___ ★ _____

_____

_____

_____

20 ___ ★ _____

_____

_____

_____

27

What "type" of person are you?

20 ___ ★ _____
_____
_____
_____

20 ___ ★ _____
_____
_____
_____

20 ___ ★ _____
_____
_____
_____

20 ___ ★ _____
_____
_____
_____

20 ___ ★ _____
_____
_____
_____

20 ___ ★ _____

_____

_____

_____

20 ___ ★ _____

_____

_____

_____

20 ___ ★ _____

_____

_____

_____

20 ___ ★ _____

_____

_____

_____

20 ___ ★ _____

_____

_____

_____

29

APRIL

Who can you make
happier? How?

20 ___ ★ _____
_____
_____
_____

20 ___ ★ _____
_____
_____
_____

20 ___ ★ _____
_____
_____
_____

20 ___ ★ _____
_____
_____
_____

20 ___ ★ _____
_____
_____
_____

APRIL

What are three words to
describe your social life?

20 ___ ★ _____

_____

_____

_____

20 ___ ★ _____

_____

_____

_____

20 ___ ★ _____

_____

_____

_____

20 ___ ★ _____

_____

_____

_____

20 ___ ★ _____

_____

_____

_____

1

MAY

Messy or neat?

20 ___ ★ _____

_____

_____

_____

20 ___ ★ _____

_____

_____

_____

20 ___ ★ _____

_____

_____

_____

20 ___ ★ _____

_____

_____

_____

20 ___ ★ _____

_____

_____

_____

20 ___ ★ _____

_____

_____

_____

20 ___ ★ _____

_____

_____

_____

20 ___ ★ _____

_____

_____

_____

20 ___ ★ _____

_____

_____

_____

20 ___ ★ _____

_____

_____

_____

3

MAY

If you could have a superpower
just for today, what would it be?

20 ___ ★ _____

_____

_____

_____

20 ___ ★ _____

_____

_____

_____

20 ___ ★ _____

_____

_____

_____

20 ___ ★ _____

_____

_____

_____

20 ___ ★ _____

_____

_____

_____

MAY

4

When was the last time
you went swimming?

20 ___ ★ _____

_____

_____

_____

20 ___ ★ _____

_____

_____

_____

20 ___ ★ _____

_____

_____

_____

20 ___ ★ _____

_____

_____

_____

20 ___ ★ _____

_____

_____

_____

5

MAY

Today was hilarious
because _____.

20 __ ★ _____
_____
_____
_____

20 __ ★ _____
_____
_____
_____

20 __ ★ _____
_____
_____
_____

20 __ ★ _____
_____
_____
_____

20 __ ★ _____
_____
_____
_____

20 ___ ★ _____

_____

_____

_____

20 ___ ★ _____

_____

_____

_____

20 ___ ★ _____

_____

_____

_____

20 ___ ★ _____

_____

_____

_____

20 ___ ★ _____

_____

_____

_____

7

MAY

Who would play you in a movie about your life? Is it a good movie?

20 ___ ★ _____

_____

_____

_____

20 ___ ★ _____

_____

_____

_____

20 ___ ★ _____

_____

_____

_____

20 ___ ★ _____

_____

_____

_____

20 ___ ★ _____

_____

_____

_____

Who do you think is cute?

20 ___ ★ _____

_____

_____

_____

20 ___ ★ _____

_____

_____

_____

20 ___ ★ _____

_____

_____

_____

20 ___ ★ _____

_____

_____

_____

20 ___ ★ _____

_____

_____

_____

9

What do you want to postpone?

20 ___ ★ _____

_____

_____

_____

20 ___ ★ _____

_____

_____

_____

20 ___ ★ _____

_____

_____

_____

20 ___ ★ _____

_____

_____

_____

20 ___ ★ _____

_____

_____

_____

How did you start your day?

20 ___ ★ _____

_____

_____

_____

20 ___ ★ _____

_____

_____

_____

20 ___ ★ _____

_____

_____

_____

20 ___ ★ _____

_____

_____

_____

20 ___ ★ _____

_____

_____

_____

11

MAY

How do you want to
be remembered?

20 ___ ★ _____

_____

_____

_____

20 ___ ★ _____

_____

_____

_____

20 ___ ★ _____

_____

_____

_____

20 ___ ★ _____

_____

_____

_____

20 ___ ★ _____

_____

_____

_____

What are you exploring?

20 ___ ★ _____

_____

_____

_____

20 ___ ★ _____

_____

_____

_____

20 ___ ★ _____

_____

_____

_____

20 ___ ★ _____

_____

_____

_____

20 ___ ★ _____

_____

_____

_____

13

MAY

Who loves you today?

20 ___ ★ _____

_____

_____

_____

20 ___ ★ _____

_____

_____

_____

20 ___ ★ _____

_____

_____

_____

20 ___ ★ _____

_____

_____

_____

20 ___ ★ _____

_____

_____

_____

20 ___ ★ _____

_____

_____

_____

20 ___ ★ _____

_____

_____

_____

20 ___ ★ _____

_____

_____

_____

20 ___ ★ _____

_____

_____

_____

20 ___ ★ _____

_____

_____

_____

15

MAY

What do you consider to be
your biggest achievement?

20 ___ ★ _____

_____

_____

_____

20 ___ ★ _____

_____

_____

_____

20 ___ ★ _____

_____

_____

_____

20 ___ ★ _____

_____

_____

_____

20 ___ ★ _____

_____

_____

_____

20 ___ ★ _____

_____

_____

_____

20 ___ ★ _____

_____

_____

_____

20 ___ ★ _____

_____

_____

_____

20 ___ ★ _____

_____

_____

_____

20 ___ ★ _____

_____

_____

_____

17

MAY

Today you got rid of _____.

20 ___ ★ _____

_____

_____

_____

20 ___ ★ _____

_____

_____

_____

20 ___ ★ _____

_____

_____

_____

20 ___ ★ _____

_____

_____

_____

20 ___ ★ _____

_____

_____

_____

MAY

18

If you could go back in
time and change something,
what would it be?

20 ___ ★ _____

_____

_____

_____

20 ___ ★ _____

_____

_____

_____

20 ___ ★ _____

_____

_____

_____

20 ___ ★ _____

_____

_____

_____

20 ___ ★ _____

_____

_____

_____

19

What's the most creative thing
you've done recently?

20 ___ ★ _____
_____
_____
_____

20 ___ ★ _____
_____
_____
_____

20 ___ ★ _____
_____
_____
_____

20 ___ ★ _____
_____
_____
_____

20 ___ ★ _____
_____
_____
_____

20

What's the craziest thing
you've done for love?

20 _____ ★ _____

_____

_____

_____

20 _____ ★ _____

_____

_____

_____

20 _____ ★ _____

_____

_____

_____

20 _____ ★ _____

_____

_____

_____

20 _____ ★ _____

_____

_____

_____

21

MAY

What's your salary?

20 ___ ★ _____

_____

_____

_____

20 ___ ★ _____

_____

_____

_____

20 ___ ★ _____

_____

_____

_____

20 ___ ★ _____

_____

_____

_____

20 ___ ★ _____

_____

_____

_____

When was the last time you
had an inspiring conversation?

20 ___ ★ _____

_____

_____

_____

20 ___ ★ _____

_____

_____

_____

20 ___ ★ _____

_____

_____

_____

20 ___ ★ _____

_____

_____

_____

20 ___ ★ _____

_____

_____

_____

23

What's your hairstyle?

20 ___ ★ _____

_____

_____

_____

20 ___ ★ _____

_____

_____

_____

20 ___ ★ _____

_____

_____

_____

20 ___ ★ _____

_____

_____

_____

20 ___ ★ _____

_____

_____

_____

What motivated you today?

20 —— ★ _____

_____

_____

_____

20 —— ★ _____

_____

_____

_____

20 —— ★ _____

_____

_____

_____

20 —— ★ _____

_____

_____

_____

20 —— ★ _____

_____

_____

_____

25

MAY

If you could travel
anywhere tomorrow,
where would you go?

20 ___ ★ _____

_____

_____

_____

20 ___ ★ _____

_____

_____

_____

20 ___ ★ _____

_____

_____

_____

20 ___ ★ _____

_____

_____

_____

20 ___ ★ _____

_____

_____

_____

26

List the things that
nagged you today.

20 ___ ★ _____

_____

_____

_____

20 ___ ★ _____

_____

_____

_____

20 ___ ★ _____

_____

_____

_____

20 ___ ★ _____

_____

_____

_____

20 ___ ★ _____

_____

_____

_____

27

MAY

What gives you comfort
right now?

20 ___ ★ _____

_____

_____

_____

20 ___ ★ _____

_____

_____

_____

20 ___ ★ _____

_____

_____

_____

20 ___ ★ _____

_____

_____

_____

20 ___ ★ _____

_____

_____

_____

20 ___ ★ _____

_____

_____

_____

20 ___ ★ _____

_____

_____

_____

20 ___ ★ _____

_____

_____

_____

20 ___ ★ _____

_____

_____

_____

20 ___ ★ _____

_____

_____

_____

29

MAY

If you didn't have any responsibilities for the day, what would you do?

20 ___ ★ _____

_____

_____

20 ___ ★ _____

_____

_____

20 ___ ★ _____

_____

_____

20 ___ ★ _____

_____

_____

20 ___ ★ _____

_____

_____

20 ___ ★ _____

_____

_____

20 ___ ★ _____

_____

_____

20 ___ ★ _____

_____

_____

20 ___ ★ _____

_____

_____

20 ___ ★ _____

_____

_____

31

MAY

How much cash do you have in your wallet? In your bank account?

20 ___ ★ _____

_____

_____

_____

20 ___ ★ _____

_____

_____

_____

20 ___ ★ _____

_____

_____

_____

20 ___ ★ _____

_____

_____

_____

20 ___ ★ _____

_____

_____

_____

20 ____ ★ _____

20 ____ ★ _____

20 ____ ★ _____

20 ____ ★ _____

20 ____ ★ _____

2

JUNE
Should you trust your instincts?

20 ___ ★ _____

_____

_____

_____

20 ___ ★ _____

_____

_____

_____

20 ___ ★ _____

_____

_____

_____

20 ___ ★ _____

_____

_____

_____

20 ___ ★ _____

_____

_____

_____

Who do you miss the most right now?

20 ___ ★ _____

_____

_____

_____

20 ___ ★ _____

_____

_____

_____

20 ___ ★ _____

_____

_____

_____

20 ___ ★ _____

_____

_____

_____

20 ___ ★ _____

_____

_____

_____

4

JUNE

Today you wore _____.

20 ___ ★ _____

_____

_____

_____

20 ___ ★ _____

_____

_____

_____

20 ___ ★ _____

_____

_____

_____

20 ___ ★ _____

_____

_____

_____

20 ___ ★ _____

_____

_____

_____

20 __ ★ _____

_____

_____

_____

20 __ ★ _____

_____

_____

_____

20 __ ★ _____

_____

_____

_____

20 __ ★ _____

_____

_____

_____

20 __ ★ _____

_____

_____

_____

6

JUNE

Which family member
are you closest to?

20 ___ ★ _____
_____
_____
_____

20 ___ ★ _____
_____
_____
_____

20 ___ ★ _____
_____
_____
_____

20 ___ ★ _____
_____
_____
_____

20 ___ ★ _____
_____
_____
_____

JUNE

7

What do you feel
grateful for today?

20 ___ ★ _____

_____

_____

20 ___ ★ _____

_____

_____

20 ___ ★ _____

_____

_____

20 ___ ★ _____

_____

_____

20 ___ ★ _____

_____

_____

8

JUNE

What makes you miserable?

20 ___ ★ _____

_____

_____

_____

20 ___ ★ _____

_____

_____

_____

20 ___ ★ _____

_____

_____

_____

20 ___ ★ _____

_____

_____

_____

20 ___ ★ _____

_____

_____

_____

What makes a good friend?

20 ___ ★ _____

_____

_____

_____

20 ___ ★ _____

_____

_____

_____

20 ___ ★ _____

_____

_____

_____

20 ___ ★ _____

_____

_____

_____

20 ___ ★ _____

_____

_____

_____

10

JUNE

How many cups of coffee
did you drink today?

20 ___ ★ _____

20 ___ ★ _____

20 ___ ★ _____

20 ___ ★ _____

20 ___ ★ _____

What is your favorite thing
to do on a Friday night?

20 ___ ★ _____

_____

_____

_____

20 ___ ★ _____

_____

_____

_____

20 ___ ★ _____

_____

_____

_____

20 ___ ★ _____

_____

_____

_____

20 ___ ★ _____

_____

_____

_____

12

JUNE

Is something in your way?
Can you move it?

20 ___ ★ _____

_____

_____

_____

20 ___ ★ _____

_____

_____

_____

20 ___ ★ _____

_____

_____

_____

20 ___ ★ _____

_____

_____

_____

20 ___ ★ _____

_____

_____

_____

Something that made you
worry today _____.

20 ___ ★ _____

_____

_____

_____

20 ___ ★ _____

_____

_____

_____

20 ___ ★ _____

_____

_____

_____

20 ___ ★ _____

_____

_____

_____

20 ___ ★ _____

_____

_____

_____

14

Did you exercise today?

20 ___ ★ _____

_____

_____

_____

20 ___ ★ _____

_____

_____

_____

20 ___ ★ _____

_____

_____

_____

20 ___ ★ _____

_____

_____

_____

20 ___ ★ _____

_____

_____

_____

20 ___ ★ _____

_____

_____

_____

20 ___ ★ _____

_____

_____

_____

20 ___ ★ _____

_____

_____

_____

20 ___ ★ _____

_____

_____

_____

20 ___ ★ _____

_____

_____

_____

16

What makes you cynical?

20 ___ ★ _____

20 ___ ★ _____

20 ___ ★ _____

20 ___ ★ _____

20 ___ ★ _____

The best hour of today
was _____. Why?

20 __ ★ _____

_____

_____

_____

20 __ ★ _____

_____

_____

_____

20 __ ★ _____

_____

_____

_____

20 __ ★ _____

_____

_____

_____

20 __ ★ _____

_____

_____

_____

18

What's the last meal someone cooked for you?

20 ___ ★ _____

_____

_____

_____

20 ___ ★ _____

_____

_____

_____

20 ___ ★ _____

_____

_____

_____

20 ___ ★ _____

_____

_____

_____

20 ___ ★ _____

_____

_____

_____

19

What was the last personal
letter you received?

20 ___ ★ _____

_____

_____

_____

20 ___ ★ _____

_____

_____

_____

20 ___ ★ _____

_____

_____

_____

20 ___ ★ _____

_____

_____

_____

20 ___ ★ _____

_____

_____

_____

20

JUNE

Write the first sentence
of your autobiography.

20 ___ ★ _____

20 ___ ★ _____

20 ___ ★ _____

20 ___ ★ _____

20 ___ ★ _____

Who do you want
to know better?

20 ___ ★ _____

_____

_____

_____

20 ___ ★ _____

_____

_____

_____

20 ___ ★ _____

_____

_____

_____

20 ___ ★ _____

_____

_____

_____

20 ___ ★ _____

_____

_____

_____

22

JUNE

What's the last movie
you saw in a theater?

20 __ ★ _____
_____
_____
_____

20 __ ★ _____
_____
_____
_____

20 __ ★ _____
_____
_____
_____

20 __ ★ _____
_____
_____
_____

20 __ ★ _____
_____
_____
_____

JUNE

23

When was the last
time you cried?

20 ____ ★ _____

_____

_____

20 ____ ★ _____

_____

_____

20 ____ ★ _____

_____

_____

20 ____ ★ _____

_____

_____

20 ____ ★ _____

_____

_____

24

JUNE

What's your next social engagement?

20 ___ ★ _____

_____

_____

_____

20 ___ ★ _____

_____

_____

_____

20 ___ ★ _____

_____

_____

_____

20 ___ ★ _____

_____

_____

_____

20 ___ ★ _____

_____

_____

_____

20 ___ ★ _____

_____

_____

_____

20 ___ ★ _____

_____

_____

_____

20 ___ ★ _____

_____

_____

_____

20 ___ ★ _____

_____

_____

_____

20 ___ ★ _____

_____

_____

_____

26

JUNE

What's your biggest
indulgence?

20 ___ ★ _____

_____

_____

_____

20 ___ ★ _____

_____

_____

_____

20 ___ ★ _____

_____

_____

_____

20 ___ ★ _____

_____

_____

_____

20 ___ ★ _____

_____

_____

_____

JUNE 27

When was the last time you
ate pizza? What kind?

20 __ ★ _____

_____

_____

_____

20 __ ★ _____

_____

_____

_____

20 __ ★ _____

_____

_____

_____

20 __ ★ _____

_____

_____

_____

20 __ ★ _____

_____

_____

_____

28

JUNE

If your mood were a weather forecast, you'd be _____.

20 __ ★ _____

_____

_____

_____

20 __ ★ _____

_____

_____

_____

20 __ ★ _____

_____

_____

_____

20 __ ★ _____

_____

_____

_____

20 __ ★ _____

_____

_____

_____

29

What are the top songs on
your "recently played" list?

20 ___ ★ _____

_____

_____

_____

20 ___ ★ _____

_____

_____

_____

20 ___ ★ _____

_____

_____

_____

20 ___ ★ _____

_____

_____

_____

20 ___ ★ _____

_____

_____

_____

30

JUNE

What can you live
without right now?

20 ___ ★ _____

_____

_____

20 ___ ★ _____

_____

_____

20 ___ ★ _____

_____

_____

20 ___ ★ _____

_____

_____

20 ___ ★ _____

_____

_____

20 ___ ★ _____

_____

_____

_____

20 ___ ★ _____

_____

_____

_____

20 ___ ★ _____

_____

_____

_____

20 ___ ★ _____

_____

_____

_____

20 ___ ★ _____

_____

_____

_____

2

JULY

Today you cancelled _____.

20 ___ ★ _____

_____

_____

_____

20 ___ ★ _____

_____

_____

_____

20 ___ ★ _____

_____

_____

_____

20 ___ ★ _____

_____

_____

_____

20 ___ ★ _____

_____

_____

_____

What was the last beach you went to?

20 ___ ★ _____

_____

_____

20 ___ ★ _____

_____

_____

20 ___ ★ _____

_____

_____

20 ___ ★ _____

_____

_____

20 ___ ★ _____

_____

_____

4

JULY
_____ is funny.

20 ___ ⋆ _____
_____
_____
_____

20 ___ ⋆ _____
_____
_____
_____

20 ___ ⋆ _____
_____
_____
_____

20 ___ ⋆ _____
_____
_____
_____

20 ___ ⋆ _____
_____
_____
_____

20 ___ ★ _____

_____

_____

_____

20 ___ ★ _____

_____

_____

_____

20 ___ ★ _____

_____

_____

_____

20 ___ ★ _____

_____

_____

_____

20 ___ ★ _____

_____

_____

_____

6

JULY

Who is your best friend?

20 ___ ★ _____

_____

_____

_____

20 ___ ★ _____

_____

_____

_____

20 ___ ★ _____

_____

_____

_____

20 ___ ★ _____

_____

_____

_____

20 ___ ★ _____

_____

_____

_____

JULY

7

What's the next book
you want to read?

20 ___ ★ _____

_____

_____

_____

20 ___ ★ _____

_____

_____

_____

20 ___ ★ _____

_____

_____

_____

20 ___ ★ _____

_____

_____

_____

20 ___ ★ _____

_____

_____

_____

8

JULY
What do you have to lose?

20 ___ ★ _____

_____

_____

_____

20 ___ ★ _____

_____

_____

_____

20 ___ ★ _____

_____

_____

_____

20 ___ ★ _____

_____

_____

_____

20 ___ ★ _____

_____

_____

_____

JULY

Today was delightful
because _____.

20 ___ ★ _____

20 ___ ★ _____

20 ___ ★ _____

20 ___ ★ _____

20 ___ ★ _____

10

JULY

When was the last time you spoke to your parents?

20 ___ ★ _____

_____

_____

_____

20 ___ ★ _____

_____

_____

_____

20 ___ ★ _____

_____

_____

_____

20 ___ ★ _____

_____

_____

_____

20 ___ ★ _____

_____

_____

_____

20 ___ ★ _____

_____

_____

_____

20 ___ ★ _____

_____

_____

_____

20 ___ ★ _____

_____

_____

_____

20 ___ ★ _____

_____

_____

_____

20 ___ ★ _____

_____

_____

_____

12

JULY

_____ is perfect.

20 ___ ★ _____
_____
_____
_____

20 ___ ★ _____
_____
_____
_____

20 ___ ★ _____
_____
_____
_____

20 ___ ★ _____
_____
_____
_____

20 ___ ★ _____
_____
_____
_____

13

What are you sentimental about?

20 —— ★ _____
_____
_____
_____

20 —— ★ _____
_____
_____
_____

20 —— ★ _____
_____
_____
_____

20 —— ★ _____
_____
_____
_____

20 —— ★ _____
_____
_____
_____

14

JULY

Do you have a secret?
More than one?

20 __ ★ _____

_____

_____

_____

20 __ ★ _____

_____

_____

_____

20 __ ★ _____

_____

_____

_____

20 __ ★ _____

_____

_____

_____

20 __ ★ _____

_____

_____

_____

JULY

15

What is your heroic downfall?
Your Achilles' heel?

20 ___ ★ _____
_____
_____
_____

20 ___ ★ _____
_____
_____
_____

20 ___ ★ _____
_____
_____
_____

20 ___ ★ _____
_____
_____
_____

20 ___ ★ _____
_____
_____

16

JULY

Are you wearing socks?

20 __ ★ _____

20 __ ★ _____

20 __ ★ _____

20 __ ★ _____

20 __ ★ _____

How can you help?

20 ___ ★ _____

_____

_____

_____

20 ___ ★ _____

_____

_____

_____

20 ___ ★ _____

_____

_____

_____

20 ___ ★ _____

_____

_____

_____

20 ___ ★ _____

_____

_____

_____

18

JULY

What are the ingredients
for a perfect day?

20 ___ ★ _____

_____

_____

_____

20 ___ ★ _____

_____

_____

_____

20 ___ ★ _____

_____

_____

_____

20 ___ ★ _____

_____

_____

_____

20 ___ ★ _____

_____

_____

_____

JULY

19

What do you need to throw away?

20 __ ★ _____

_____

_____

_____

20 __ ★ _____

_____

_____

_____

20 __ ★ _____

_____

_____

_____

20 __ ★ _____

_____

_____

_____

20 __ ★ _____

_____

_____

_____

20

JULY
Does anything hurt today?

20 ___ ★ _____

_____

_____

20 ___ ★ _____

_____

_____

20 ___ ★ _____

_____

_____

20 ___ ★ _____

_____

_____

20 ___ ★ _____

_____

_____

21

Who was the last person
to make you angry?

20 ___ ★ _____

_____

_____

_____

20 ___ ★ _____

_____

_____

_____

20 ___ ★ _____

_____

_____

_____

20 ___ ★ _____

_____

_____

_____

20 ___ ★ _____

_____

_____

_____

22

JULY

Where do you go
for good ideas?

20 ___ ★ _____

_____

_____

_____

20 ___ ★ _____

_____

_____

_____

20 ___ ★ _____

_____

_____

_____

20 ___ ★ _____

_____

_____

_____

20 ___ ★ _____

_____

_____

_____

20 ____ ★ _____

_____

_____

_____

20 ____ ★ _____

_____

_____

_____

20 ____ ★ _____

_____

_____

_____

20 ____ ★ _____

_____

_____

_____

20 ____ ★ _____

_____

_____

_____

24

JULY

What's in your fridge?

20 ___ ★ _____

_____

_____

_____

20 ___ ★ _____

_____

_____

_____

20 ___ ★ _____

_____

_____

_____

20 ___ ★ _____

_____

_____

_____

20 ___ ★ _____

_____

_____

_____

25

If you could hire any artist
(living or dead) to paint your
portrait, who would you pick?

20 ___ ★ _____

_____

_____

_____

20 ___ ★ _____

_____

_____

_____

20 ___ ★ _____

_____

_____

_____

20 ___ ★ _____

_____

_____

_____

20 ___ ★ _____

_____

_____

_____

26

JULY

Are you working hard
or hardly working?

20 __ * _____

_____

_____

_____

20 __ * _____

_____

_____

_____

20 __ * _____

_____

_____

_____

20 __ * _____

_____

_____

_____

20 __ * _____

_____

_____

_____

20 ___ ★ _____

_____

_____

_____

20 ___ ★ _____

_____

_____

_____

20 ___ ★ _____

_____

_____

_____

20 ___ ★ _____

_____

_____

_____

20 ___ ★ _____

_____

_____

_____

28

JULY

Write a phrase to describe
your year so far.

20 _____ ★ _____

_____

_____

_____

20 _____ ★ _____

_____

_____

_____

20 _____ ★ _____

_____

_____

_____

20 _____ ★ _____

_____

_____

_____

20 _____ ★ _____

_____

_____

_____

20 ___ ★ _____

_____

_____

_____

20 ___ ★ _____

_____

_____

_____

20 ___ ★ _____

_____

_____

_____

20 ___ ★ _____

_____

_____

_____

20 ___ ★ _____

_____

_____

_____

30

JULY

Today was unusual
because _____.

20 ___ ★ _____

_____

_____

_____

20 ___ ★ _____

_____

_____

_____

20 ___ ★ _____

_____

_____

_____

20 ___ ★ _____

_____

_____

_____

20 ___ ★ _____

_____

_____

_____

31

Today were you a wallflower
or a social butterfly?

20 ___ ★ _____

20 ___ ★ _____

20 ___ ★ _____

20 ___ ★ _____

20 ___ ★ _____

1

AUGUST

Do you need a cold shower?

20 _____ ★ _____

_____

_____

_____

20 _____ ★ _____

_____

_____

_____

20 _____ ★ _____

_____

_____

_____

20 _____ ★ _____

_____

_____

_____

20 _____ ★ _____

_____

_____

_____

20 ___ ★ _____

_____

_____

_____

20 ___ ★ _____

_____

_____

_____

20 ___ ★ _____

_____

_____

_____

20 ___ ★ _____

_____

_____

_____

20 ___ ★ _____

_____

_____

_____

3

AUGUST

What do you lie about?

20 ___ ★ _____

_____

_____

_____

20 ___ ★ _____

_____

_____

_____

20 ___ ★ _____

_____

_____

_____

20 ___ ★ _____

_____

_____

_____

20 ___ ★ _____

_____

_____

_____

20 ____ ★ _____

_____

_____

20 ____ ★ _____

_____

_____

20 ____ ★ _____

_____

_____

20 ____ ★ _____

_____

_____

20 ____ ★ _____

_____

_____

5

AUGUST

Today you destroyed _____.

20 ___ ★ _____

_____

_____

_____

20 ___ ★ _____

_____

_____

_____

20 ___ ★ _____

_____

_____

_____

20 ___ ★ _____

_____

_____

_____

20 ___ ★ _____

_____

_____

_____

20 ___ ★ _____

_____

_____

20 ___ ★ _____

_____

_____

20 ___ ★ _____

_____

_____

20 ___ ★ _____

_____

_____

20 ___ ★ _____

_____

_____

7

AUGUST

What was your last great meal?

20 ___ ★ _____
_____
_____
_____

20 ___ ★ _____
_____
_____
_____

20 ___ ★ _____
_____
_____
_____

20 ___ ★ _____
_____
_____
_____

20 ___ ★ _____
_____
_____
_____

Do you make enough money?

20 ___ ★ _____

_____

_____

_____

20 ___ ★ _____

_____

_____

_____

20 ___ ★ _____

_____

_____

_____

20 ___ ★ _____

_____

_____

_____

20 ___ ★ _____

_____

_____

_____

9

AUGUST

Write down your last
sent text message.

20 ___ ★ _____

_____

_____

20 ___ ★ _____

_____

_____

20 ___ ★ _____

_____

_____

20 ___ ★ _____

_____

_____

20 ___ ★ _____

_____

_____

What are you running
from at this moment?

20 ___ ★ _____

_____

_____

_____

20 ___ ★ _____

_____

_____

_____

20 ___ ★ _____

_____

_____

_____

20 ___ ★ _____

_____

_____

_____

20 ___ ★ _____

_____

_____

_____

11

AUGUST

How many stamps are
in your passport?

20 ___ ★ _____

_____

_____

_____

20 ___ ★ _____

_____

_____

_____

20 ___ ★ _____

_____

_____

_____

20 ___ ★ _____

_____

_____

_____

20 ___ ★ _____

_____

_____

_____

20 ___ ★ _____

_____

_____

_____

20 ___ ★ _____

_____

_____

_____

20 ___ ★ _____

_____

_____

_____

20 ___ ★ _____

_____

_____

_____

20 ___ ★ _____

_____

_____

_____

13

AUGUST

What is your favorite thing to do on a Saturday morning?

20 ___ ★ _____

_____

_____

_____

20 ___ ★ _____

_____

_____

_____

20 ___ ★ _____

_____

_____

_____

20 ___ ★ _____

_____

_____

_____

20 ___ ★ _____

_____

_____

_____

AUGUST

14

Did you complete your
to-do list for the day?

20 ___ ★ _____

_____

_____

_____

20 ___ ★ _____

_____

_____

_____

20 ___ ★ _____

_____

_____

_____

20 ___ ★ _____

_____

_____

_____

20 ___ ★ _____

_____

_____

_____

15

AUGUST

What do you like best about your body today?

20 ___ ★ _____

_____

_____

20 ___ ★ _____

_____

_____

20 ___ ★ _____

_____

_____

20 ___ ★ _____

_____

_____

20 ___ ★ _____

_____

_____

What question (or questions)
do you love to answer?

20 ___ ★ _____

_____

_____

_____

20 ___ ★ _____

_____

_____

_____

20 ___ ★ _____

_____

_____

_____

20 ___ ★ _____

_____

_____

_____

20 ___ ★ _____

_____

_____

_____

17

AUGUST

If you had to spend five years in prison, what would you finally have the chance to do?

20 —— ★ _____

_____

_____

_____

20 —— ★ _____

_____

_____

_____

20 —— ★ _____

_____

_____

20 —— ★ _____

_____

_____

_____

20 —— ★ _____

_____

_____

_____

20 ___ ★ _____

_____

_____

_____

20 ___ ★ _____

_____

_____

_____

20 ___ ★ _____

_____

_____

_____

20 ___ ★ _____

_____

_____

_____

20 ___ ★ _____

_____

_____

_____

19

AUGUST

_____ really
bothered you today.

20 ___ ★ _____

_____

_____

_____

20 ___ ★ _____

_____

_____

_____

20 ___ ★ _____

_____

_____

_____

20 ___ ★ _____

_____

_____

_____

20 ___ ★ _____

_____

_____

_____

Whose team are you on?

20 ___ ★ _____

_____

_____

_____

20 ___ ★ _____

_____

_____

_____

20 ___ ★ _____

_____

_____

_____

20 ___ ★ _____

_____

_____

_____

20 ___ ★ _____

_____

_____

_____

21

AUGUST

In 140 characters or fewer,
summarize your day.

20 ___ ★ _____

_____

_____

_____

20 ___ ★ _____

_____

_____

_____

20 ___ ★ _____

_____

_____

_____

20 ___ ★ _____

_____

_____

_____

20 ___ ★ _____

_____

_____

_____

20 ___ ★ _____

_____

_____

_____

20 ___ ★ _____

_____

_____

_____

20 ___ ★ _____

_____

_____

_____

20 ___ ★ _____

_____

_____

_____

20 ___ ★ _____

_____

_____

_____

23

AUGUST

Yes or no: everyone should have a backup plan.

20 ___ ★ _____

_____

_____

_____

20 ___ ★ _____

_____

_____

_____

20 ___ ★ _____

_____

_____

_____

20 ___ ★ _____

_____

_____

_____

20 ___ ★ _____

_____

_____

_____

24

Write your recipe for creativity.

20 ___ ★ _____

_____

_____

_____

20 ___ ★ _____

_____

_____

_____

20 ___ ★ _____

_____

_____

_____

20 ___ ★ _____

_____

_____

_____

20 ___ ★ _____

_____

_____

_____

25

What would you like
to tell your father?

20 ___ ★ _____

_____

_____

_____

20 ___ ★ _____

_____

_____

_____

20 ___ ★ _____

_____

_____

_____

20 ___ ★ _____

_____

_____

_____

20 ___ ★ _____

_____

_____

_____

What's the best part about
your life right now?

20 ___ ★ _____

_____

_____

_____

20 ___ ★ _____

_____

_____

_____

20 ___ ★ _____

_____

_____

_____

20 ___ ★ _____

_____

_____

_____

20 ___ ★ _____

_____

_____

_____

27

AUGUST

When was the last time
you worked out?

20 __ ★ _____

_____

_____

_____

20 __ ★ _____

_____

_____

_____

20 __ ★ _____

_____

_____

_____

20 __ ★ _____

_____

_____

_____

20 __ ★ _____

_____

_____

_____

How would you describe
your victory dance?

20 ___ ★ _____

_____

_____

_____

20 ___ ★ _____

_____

_____

_____

20 ___ ★ _____

_____

_____

_____

20 ___ ★ _____

_____

_____

_____

20 ___ ★ _____

_____

_____

_____

29

AUGUST

What did you have for dinner?

20 ___ ★ _____

_____

_____

_____

20 ___ ★ _____

_____

_____

_____

20 ___ ★ _____

_____

_____

_____

20 ___ ★ _____

_____

_____

_____

20 ___ ★ _____

_____

_____

_____

AUGUST

30

What's your simplest pleasure?

20 ___ ★ _____
_____
_____
_____

20 ___ ★ _____
_____
_____
_____

20 ___ ★ _____
_____
_____
_____

20 ___ ★ _____
_____
_____
_____

20 ___ ★ _____
_____
_____
_____

31

AUGUST

What was the last wedding you attended?

20 ___ ★ _____

_____

_____

_____

20 ___ ★ _____

_____

_____

_____

20 ___ ★ _____

_____

_____

_____

20 ___ ★ _____

_____

_____

_____

20 ___ ★ _____

_____

_____

_____

20 ___ ★ _____

_____

_____

_____

20 ___ ★ _____

_____

_____

_____

20 ___ ★ _____

_____

_____

_____

20 ___ ★ _____

_____

_____

_____

20 ___ ★ _____

_____

_____

_____

2

SEPTEMBER

Is your home/apartment clean?

20 ___ ★ _____

_____

_____

_____

20 ___ ★ _____

_____

_____

_____

20 ___ ★ _____

_____

_____

_____

20 ___ ★ _____

_____

_____

_____

20 ___ ★ _____

_____

_____

_____

20 ___ ★ _____

_____

_____

_____

20 ___ ★ _____

_____

_____

_____

20 ___ ★ _____

_____

_____

_____

20 ___ ★ _____

_____

_____

_____

20 ___ ★ _____

_____

_____

_____

4

SEPTEMBER

Where do you see yourself
in five years?

20 ___ ★ _____

_____

_____

20 ___ ★ _____

_____

_____

20 ___ ★ _____

_____

_____

20 ___ ★ _____

_____

_____

20 ___ ★ _____

_____

_____

Today you learned _____.

20 ___ ★ _____

_____

_____

_____

20 ___ ★ _____

_____

_____

_____

20 ___ ★ _____

_____

_____

_____

20 ___ ★ _____

_____

_____

_____

20 ___ ★ _____

_____

_____

_____

6

SEPTEMBER

What was the last online video clip you watched?

20 ___ ★ _____

_____

_____

20 ___ ★ _____

_____

_____

20 ___ ★ _____

_____

_____

20 ___ ★ _____

_____

_____

20 ___ ★ _____

_____

_____

SEPTEMBER

7

What's the newest thing
you're wearing today?

20 ___ ★ _____

_____

_____

_____

20 ___ ★ _____

_____

_____

_____

20 ___ ★ _____

_____

_____

_____

20 ___ ★ _____

_____

_____

_____

20 ___ ★ _____

_____

_____

_____

8

SEPTEMBER
Who are you jealous of?

20 ___ ★ _____

_____

_____

_____

20 ___ ★ _____

_____

_____

_____

20 ___ ★ _____

_____

_____

_____

20 ___ ★ _____

_____

_____

_____

20 ___ ★ _____

_____

_____

_____

What comes to mind when
you think of fear?

20 ___ ★ _____

_____

_____

20 ___ ★ _____

_____

_____

20 ___ ★ _____

_____

_____

20 ___ ★ _____

_____

_____

20 ___ ★ _____

_____

_____

10

SEPTEMBER
This is utterly confounding:
_____.

20 __ ★ _____

_____

_____

_____

20 __ ★ _____

_____

_____

_____

20 __ ★ _____

_____

_____

_____

20 __ ★ _____

_____

_____

_____

20 __ ★ _____

_____

_____

_____

20 ___ ★ _____

_____

_____

_____

20 ___ ★ _____

_____

_____

_____

20 ___ ★ _____

_____

_____

20 ___ ★ _____

_____

_____

_____

20 ___ ★ _____

_____

_____

_____

12

SEPTEMBER
What are you chasing
at this moment?

20 ___ ★ _____

_____

_____

_____

20 ___ ★ _____

_____

_____

_____

20 ___ ★ _____

_____

_____

20 ___ ★ _____

_____

_____

20 ___ ★ _____

_____

_____

SEPTEMBER

13

Write down a minor, but
chronic, problem.

20 ___ ★ _____

_____

_____

_____

20 ___ ★ _____

_____

_____

_____

20 ___ ★ _____

_____

_____

_____

20 ___ ★ _____

_____

_____

_____

20 ___ ★ _____

_____

_____

_____

14

SEPTEMBER

Who can help you?

20 ___ ★ _____

_____

_____

_____

20 ___ ★ _____

_____

_____

_____

20 ___ ★ _____

_____

_____

_____

20 ___ ★ _____

_____

_____

_____

20 ___ ★ _____

_____

_____

_____

SEPTEMBER

15

Who are the most important
people in your life?

20 ___ ★ _____
_____
_____
_____

20 ___ ★ _____
_____
_____
_____

20 ___ ★ _____
_____
_____
_____

20 ___ ★ _____
_____
_____
_____

20 ___ ★ _____
_____
_____
_____

16

SEPTEMBER

What would you want
to study at school?

20 ___ ★ _____

_____

_____

_____

20 ___ ★ _____

_____

_____

_____

20 ___ ★ _____

_____

_____

_____

20 ___ ★ _____

_____

_____

_____

20 ___ ★ _____

_____

_____

_____

What's your favorite snack food?

20 ___ ★ _____

_____

_____

_____

20 ___ ★ _____

_____

_____

_____

20 ___ ★ _____

_____

_____

_____

20 ___ ★ _____

_____

_____

_____

20 ___ ★ _____

_____

_____

_____

18

SEPTEMBER

A decision you made
today _____.

20 ___ ★ _____

_____

_____

_____

20 ___ ★ _____

_____

_____

_____

20 ___ ★ _____

_____

_____

_____

20 ___ ★ _____

_____

_____

_____

20 ___ ★ _____

_____

_____

_____

SEPTEMBER

19

What's a new place you've
recently been to?

20 ___ ★ _____

_____

_____

20 ___ ★ _____

_____

_____

20 ___ ★ _____

_____

_____

20 ___ ★ _____

_____

_____

20 ___ ★ _____

_____

_____

20

SEPTEMBER

What's your favorite
television show?

20 _____ ★ _____

_____

_____

_____

20 _____ ★ _____

_____

_____

_____

20 _____ ★ _____

_____

_____

_____

20 _____ ★ _____

_____

_____

_____

20 _____ ★ _____

_____

_____

_____

20 ___ ★ _____

_____

_____

_____

20 ___ ★ _____

_____

_____

_____

20 ___ ★ _____

_____

_____

_____

20 ___ ★ _____

_____

_____

_____

20 ___ ★ _____

_____

_____

_____

22

SEPTEMBER

What shocking news have you recently learned?

20 ___ ★ _____

_____

_____

_____

20 ___ ★ _____

_____

_____

_____

20 ___ ★ _____

_____

_____

_____

20 ___ ★ _____

_____

_____

_____

20 ___ ★ _____

_____

_____

_____

Write down a quote for today.

20 ___ ★ _____

_____

_____

_____

20 ___ ★ _____

_____

_____

_____

20 ___ ★ _____

_____

_____

_____

20 ___ ★ _____

_____

_____

_____

20 ___ ★ _____

_____

_____

_____

24

SEPTEMBER

When was the last time
you went dancing?

20 ___ ★ _____

_____

_____

_____

20 ___ ★ _____

_____

_____

_____

20 ___ ★ _____

_____

_____

_____

20 ___ ★ _____

_____

_____

_____

20 ___ ★ _____

_____

_____

_____

SEPTEMBER

25

Do you plan, or are you flying
by the seat of your pants?

20 ___ ★ _____

_____

_____

20 ___ ★ _____

_____

_____

20 ___ ★ _____

_____

_____

20 ___ ★ _____

_____

_____

20 ___ ★ _____

_____

_____

26

SEPTEMBER

Today was amusing
because _____.

20 ___ ★ _____

_____

_____

20 ___ ★ _____

_____

_____

20 ___ ★ _____

_____

_____

20 ___ ★ _____

_____

_____

20 ___ ★ _____

_____

_____

Do you handle rejection well?

20 —— ★ _____

_____

_____

_____

20 —— ★ _____

_____

_____

_____

20 —— ★ _____

_____

_____

_____

20 —— ★ _____

_____

_____

_____

20 —— ★ _____

_____

_____

_____

28

SEPTEMBER

How hungry are
you right now?

20 ___ ★ _____

_____

_____

20 ___ ★ _____

_____

_____

20 ___ ★ _____

_____

_____

20 ___ ★ _____

_____

_____

20 ___ ★ _____

_____

_____

SEPTEMBER 29

Bad news: sugarcoated
or straight-up?

20 ___ ★ _____

_____

_____

20 ___ ★ _____

_____

_____

20 ___ ★ _____

_____

_____

20 ___ ★ _____

_____

_____

20 ___ ★ _____

_____

_____

30

How do you get out of a rut?

20 ___ ★ _____

_____

_____

_____

20 ___ ★ _____

_____

_____

_____

20 ___ ★ _____

_____

_____

_____

20 ___ ★ _____

_____

_____

_____

20 ___ ★ _____

_____

_____

_____

20 ___ ★ _____

_____

_____

_____

20 ___ ★ _____

_____

_____

_____

20 ___ ★ _____

_____

_____

_____

20 ___ ★ _____

_____

_____

_____

20 ___ ★ _____

_____

_____

_____

2

OCTOBER
What do you crave?

20 ___ ★ _____

_____

_____

_____

20 ___ ★ _____

_____

_____

_____

20 ___ ★ _____

_____

_____

_____

20 ___ ★ _____

_____

_____

_____

20 ___ ★ _____

_____

_____

_____

20 ___ ★ _____

_____

_____

_____

20 ___ ★ _____

_____

_____

_____

20 ___ ★ _____

_____

_____

_____

20 ___ ★ _____

_____

_____

_____

20 ___ ★ _____

_____

_____

_____

4

OCTOBER

In three words, describe
your love life.

20 ___ ★ _____

_____

_____

_____

20 ___ ★ _____

_____

_____

_____

20 ___ ★ _____

_____

_____

_____

20 ___ ★ _____

_____

_____

_____

20 ___ ★ _____

_____

_____

_____

What question makes you anxious?

20 ___ ★ _____

_____

_____

_____

20 ___ ★ _____

_____

_____

_____

20 ___ ★ _____

_____

_____

_____

20 ___ ★ _____

_____

_____

_____

20 ___ ★ _____

_____

_____

_____

6

OCTOBER

Do you have any new friends?

20 —— ★ _____
_____
_____
_____

20 —— ★ _____
_____
_____
_____

20 —— ★ _____
_____
_____
_____

20 —— ★ _____
_____
_____
_____

20 —— ★ _____
_____
_____
_____

20 —— ★ _____

_____

_____

_____

20 —— ★ _____

_____

_____

_____

20 —— ★ _____

_____

_____

_____

20 —— ★ _____

_____

_____

_____

20 —— ★ _____

_____

_____

_____

8

OCTOBER
What is your biggest dream?

20 ___ ★ _____
_____
_____
_____

20 ___ ★ _____
_____
_____
_____

20 ___ ★ _____
_____
_____
_____

20 ___ ★ _____
_____
_____
_____

20 ___ ★ _____
_____
_____

You want a new _____.

20 ___ ★ _____

_____

_____

_____

20 ___ ★ _____

_____

_____

_____

20 ___ ★ _____

_____

_____

_____

20 ___ ★ _____

_____

_____

_____

20 ___ ★ _____

_____

_____

_____

10

OCTOBER

Write down the name of
someone you had a good
conversation with recently.

20 ___ ★ _____

_____

_____

_____

20 ___ ★ _____

_____

_____

_____

20 ___ ★ _____

_____

_____

_____

20 ___ ★ _____

_____

_____

_____

20 ___ ★ _____

_____

_____

_____

What makes you feel wonderful?

20 ___ ★ _____
_____
_____
_____

20 ___ ★ _____
_____
_____
_____

20 ___ ★ _____
_____
_____
_____

20 ___ ★ _____
_____
_____
_____

20 ___ ★ _____
_____
_____
_____

12

One word for today.

20 ___ ★ _____

_____

_____

_____

20 ___ ★ _____

_____

_____

_____

20 ___ ★ _____

_____

_____

_____

20 ___ ★ _____

_____

_____

_____

20 ___ ★ _____

_____

_____

_____

You have no patience
for _____.

20 ___ ★ _____

_____

_____

_____

20 ___ ★ _____

_____

_____

_____

20 ___ ★ _____

_____

_____

_____

20 ___ ★ _____

_____

_____

_____

20 ___ ★ _____

_____

_____

_____

14

What expression do you overuse?

20 —— ★ _____

_____

_____

_____

20 —— ★ _____

_____

_____

_____

20 —— ★ _____

_____

_____

_____

20 —— ★ _____

_____

_____

_____

20 —— ★ _____

_____

_____

_____

20 ___ ★ _____

20 ___ ★ _____

20 ___ ★ _____

20 ___ ★ _____

20 ___ ★ _____

16

OCTOBER

You woke up at _____.

20 ___ ⋆ _____
_____
_____
_____

20 ___ ⋆ _____
_____
_____
_____

20 ___ ⋆ _____
_____
_____
_____

20 ___ ⋆ _____
_____
_____
_____

20 ___ ⋆ _____
_____
_____
_____

OCTOBER

17

What's the most valuable
thing you own?

20 ___ ★ _____

_____

_____

_____

20 ___ ★ _____

_____

_____

_____

20 ___ ★ _____

_____

_____

_____

20 ___ ★ _____

_____

_____

_____

20 ___ ★ _____

_____

_____

_____

18

OCTOBER

What famous living person would you want to meet for drinks?

20 ___ ★ _____

_____

_____

20 ___ ★ _____

_____

_____

20 ___ ★ _____

_____

_____

20 ___ ★ _____

_____

_____

20 ___ ★ _____

_____

_____

20 ___ ★ _____

_____

_____

_____

20 ___ ★ _____

_____

_____

_____

20 ___ ★ _____

_____

_____

_____

20 ___ ★ _____

_____

_____

_____

20 ___ ★ _____

_____

_____

_____

20

Who do you count on?

20 ___ ★ _____

_____

_____

_____

20 ___ ★ _____

_____

_____

_____

20 ___ ★ _____

_____

_____

_____

20 ___ ★ _____

_____

_____

_____

20 ___ ★ _____

_____

_____

_____

21

What new word have you learned?

20 ___ ★ _____

_____

_____

_____

20 ___ ★ _____

_____

_____

_____

20 ___ ★ _____

_____

_____

_____

20 ___ ★ _____

_____

_____

_____

20 ___ ★ _____

_____

_____

_____

22

OCTOBER

Write a haiku about your day (5 syllables/7 syllables/ 5 syllables).

20 ___ ★ _____

20 ___ ★ _____

20 ___ ★ _____

20 ___ ★ _____

20 ___ ★ _____

20 ___ ★ _____

_____

_____

_____

20 ___ ★ _____

_____

_____

_____

20 ___ ★ _____

_____

_____

_____

20 ___ ★ _____

_____

_____

_____

20 ___ ★ _____

_____

_____

_____

24

OCTOBER

How are you? Write it in a rhyming couplet (two lines of verse that rhyme and have the same rhythm).

20 __ ★ _____

_____

_____

_____

20 __ ★ _____

_____

_____

_____

20 __ ★ _____

_____

_____

_____

20 __ ★ _____

_____

_____

_____

20 __ ★ _____

_____

_____

_____

What is the most honest
thing you've said today?

20 ___ ★ _____

_____

_____

20 ___ ★ _____

_____

_____

20 ___ ★ _____

_____

_____

20 ___ ★ _____

_____

_____

20 ___ ★ _____

_____

_____

26

OCTOBER

How do you feel
about your body?

20 ___ ★ _____

_____

_____

20 ___ ★ _____

_____

_____

20 ___ ★ _____

_____

_____

20 ___ ★ _____

_____

_____

20 ___ ★ _____

_____

_____

20 —— ★ _____

_____

_____

_____

20 —— ★ _____

_____

_____

_____

20 —— ★ _____

_____

_____

_____

20 —— ★ _____

_____

_____

_____

20 —— ★ _____

_____

_____

_____

28

OCTOBER

_____ is completely
ridiculous.

20 ___ ★ _____
_____
_____
_____

20 ___ ★ _____
_____
_____
_____

20 ___ ★ _____
_____
_____
_____

20 ___ ★ _____
_____
_____
_____

20 ___ ★ _____
_____
_____
_____

Camping or hotel?

20 ___ ★ _____

_____

_____

_____

20 ___ ★ _____

_____

_____

_____

20 ___ ★ _____

_____

_____

_____

20 ___ ★ _____

_____

_____

_____

20 ___ ★ _____

_____

_____

_____

30

OCTOBER

Are you able to tell when
you have enough?

20 ___ ★ _____

_____

_____

_____

20 ___ ★ _____

_____

_____

_____

20 ___ ★ _____

_____

_____

_____

20 ___ ★ _____

_____

_____

_____

20 ___ ★ _____

_____

_____

_____

OCTOBER
31

Halloween plans? What's
your costume?

20 ___ ★ _____

_____

_____

_____

20 ___ ★ _____

_____

_____

_____

20 ___ ★ _____

_____

_____

_____

20 ___ ★ _____

_____

_____

_____

20 ___ ★ _____

_____

_____

_____

1

NOVEMBER

What was something you couldn't do today?

20 ___ ★ _____

_____

_____

_____

20 ___ ★ _____

_____

_____

_____

20 ___ ★ _____

_____

_____

_____

20 ___ ★ _____

_____

_____

_____

20 ___ ★ _____

_____

_____

_____

20 ___ ★ _____

_____

_____

_____

20 ___ ★ _____

_____

_____

_____

20 ___ ★ _____

_____

_____

_____

20 ___ ★ _____

_____

_____

_____

20 ___ ★ _____

_____

_____

_____

3

NOVEMBER

When did you last hold a baby?

20 ___ ★ _____

_____

_____

_____

20 ___ ★ _____

_____

_____

_____

20 ___ ★ _____

_____

_____

_____

20 ___ ★ _____

_____

_____

_____

20 ___ ★ _____

_____

_____

_____

Today you made _____.

20 ___ ★ _____

_____

_____

_____

20 ___ ★ _____

_____

_____

_____

20 ___ ★ _____

_____

_____

_____

20 ___ ★ _____

_____

_____

_____

20 ___ ★ _____

_____

_____

_____

5

What should remain as-is?

20 ___ ★ _____

_____

_____

_____

20 ___ ★ _____

_____

_____

_____

20 ___ ★ _____

_____

_____

_____

20 ___ ★ _____

_____

_____

_____

20 ___ ★ _____

_____

_____

_____

What time did you go
to bed last night?

20 ___ ★ _____

_____

_____

_____

20 ___ ★ _____

_____

_____

_____

20 ___ ★ _____

_____

_____

_____

20 ___ ★ _____

_____

_____

_____

20 ___ ★ _____

_____

_____

_____

7

NOVEMBER

Who is your hero?

20 ___ ★ _____

_____

_____

_____

20 ___ ★ _____

_____

_____

_____

20 ___ ★ _____

_____

_____

_____

20 ___ ★ _____

_____

_____

_____

20 ___ ★ _____

_____

_____

_____

20 ___ ★ _____

_____

_____

_____

20 ___ ★ _____

_____

_____

_____

20 ___ ★ _____

_____

_____

_____

20 ___ ★ _____

_____

_____

_____

20 ___ ★ _____

_____

_____

_____

9

NOVEMBER
Did you leave work on time?

20 __ ★ _____
_____
_____
_____

20 __ ★ _____
_____
_____
_____

20 __ ★ _____
_____
_____
_____

20 __ ★ _____
_____
_____
_____

20 __ ★ _____
_____
_____
_____

Where do you find pleasure?

20 ___ ★ _____
_____
_____
_____

20 ___ ★ _____
_____
_____
_____

20 ___ ★ _____
_____
_____
_____

20 ___ ★ _____
_____
_____
_____

20 ___ ★ _____
_____
_____
_____

11

What do you always avoid?

20 __ ★ _____

_____

_____

_____

20 __ ★ _____

_____

_____

_____

20 __ ★ _____

_____

_____

_____

20 __ ★ _____

_____

_____

_____

20 __ ★ _____

_____

_____

_____

20 ___ ★ _____

_____

_____

_____

20 ___ ★ _____

_____

_____

_____

20 ___ ★ _____

_____

_____

_____

20 ___ ★ _____

_____

_____

_____

20 ___ ★ _____

_____

_____

_____

13

What song could be
your self-portrait?

20 ___ ★ _____

_____

_____

_____

20 ___ ★ _____

_____

_____

_____

20 ___ ★ _____

_____

_____

_____

20 ___ ★ _____

_____

_____

_____

20 ___ ★ _____

_____

_____

_____

20 ___ ★ _____

_____

_____

_____

20 ___ ★ _____

_____

_____

_____

20 ___ ★ _____

_____

_____

_____

20 ___ ★ _____

_____

_____

_____

20 ___ ★ _____

_____

_____

15

NOVEMBER

Waking up was _____.

20 ___ ★ _____

_____

_____

_____

20 ___ ★ _____

_____

_____

_____

20 ___ ★ _____

_____

_____

_____

20 ___ ★ _____

_____

_____

_____

20 ___ ★ _____

_____

_____

_____

20 ___ ★ _____

_____

_____

_____

20 ___ ★ _____

_____

_____

_____

20 ___ ★ _____

_____

_____

_____

20 ___ ★ _____

_____

_____

_____

20 ___ ★ _____

_____

_____

_____

17

Which friend(s) did
you last speak to?

20 ___ ★ _____

_____

_____

_____

20 ___ ★ _____

_____

_____

_____

20 ___ ★ _____

_____

_____

_____

20 ___ ★ _____

_____

_____

_____

20 ___ ★ _____

_____

_____

_____

20 ___ ★ _____

_____

_____

_____

20 ___ ★ _____

_____

_____

_____

20 ___ ★ _____

_____

_____

_____

20 ___ ★ _____

_____

_____

_____

20 ___ ★ _____

_____

_____

_____

19

NOVEMBER

When was the last time you checked an online social network?

20 ___ ★ _____

_____

_____

_____

20 ___ ★ _____

_____

_____

_____

20 ___ ★ _____

_____

_____

_____

20 ___ ★ _____

_____

_____

_____

20 ___ ★ _____

_____

_____

_____

20 ___ ★ _____

_____

_____

_____

20 ___ ★ _____

_____

_____

_____

20 ___ ★ _____

_____

_____

_____

20 ___ ★ _____

_____

_____

_____

20 ___ ★ _____

_____

_____

_____

21

NOVEMBER
What are your favorite shoes?

20 ___ ★ _____
_____
_____
_____

20 ___ ★ _____
_____
_____
_____

20 ___ ★ _____
_____
_____
_____

20 ___ ★ _____
_____
_____
_____

20 ___ ★ _____
_____
_____
_____

What are you trying to do?

20 ___ ★ _____

20 ___ ★ _____

20 ___ ★ _____

20 ___ ★ _____

20 ___ ★ _____

23

NOVEMBER

What is your favorite brunch food?

20 ___ ★ _____

_____

_____

20 ___ ★ _____

_____

_____

20 ___ ★ _____

_____

_____

20 ___ ★ _____

_____

_____

20 ___ ★ _____

_____

_____

NOVEMBER

24

Who have you recently
deleted from your
contacts/address book?

20 ___ ★ _____

_____

_____

_____

20 ___ ★ _____

_____

_____

_____

20 ___ ★ _____

_____

_____

_____

20 ___ ★ _____

_____

_____

_____

20 ___ ★ _____

_____

_____

_____

25

NOVEMBER

How much water did
you drink today?

20 —— ★ _____
_____
_____
_____

20 —— ★ _____
_____
_____
_____

20 —— ★ _____
_____
_____
_____

20 —— ★ _____
_____
_____
_____

20 —— ★ _____
_____
_____
_____

20 ___ ★ _____

_____

_____

_____

20 ___ ★ _____

_____

_____

_____

20 ___ ★ _____

_____

_____

_____

20 ___ ★ _____

_____

_____

_____

20 ___ ★ _____

_____

_____

_____

27

NOVEMBER

Who inspires you?

20 ____ ★ _____

_____

_____

_____

20 ____ ★ _____

_____

_____

_____

20 ____ ★ _____

_____

_____

_____

20 ____ ★ _____

_____

_____

_____

20 ____ ★ _____

_____

_____

_____

20 __ ★ _____

_____

_____

_____

20 __ ★ _____

_____

_____

_____

20 __ ★ _____

_____

_____

_____

20 __ ★ _____

_____

_____

_____

20 __ ★ _____

_____

_____

_____

29

NOVEMBER

What five words
describe your mood?

20 ___ ⋆ _____

_____

_____

20 ___ ⋆ _____

_____

_____

20 ___ ⋆ _____

_____

_____

20 ___ ⋆ _____

_____

_____

20 ___ ⋆ _____

_____

_____

NOVEMBER
30

Today you almost _____.

20 ___ ★ _____
_____
_____
_____

20 ___ ★ _____
_____
_____
_____

20 ___ ★ _____
_____
_____
_____

20 ___ ★ _____
_____
_____
_____

20 ___ ★ _____
_____
_____
_____

1

DECEMBER

What would you like your epitaph to read?

20 ___ ★ _____

_____

_____

_____

20 ___ ★ _____

_____

_____

_____

20 ___ ★ _____

_____

_____

_____

20 ___ ★ _____

_____

_____

_____

20 ___ ★ _____

_____

_____

_____

20 ___ ★ _____

_____

_____

_____

20 ___ ★ _____

_____

_____

_____

20 ___ ★ _____

_____

_____

_____

20 ___ ★ _____

_____

_____

_____

20 ___ ★ _____

_____

_____

3

DECEMBER

On a scale of one to ten,
how happy are you?

20 _____ ★ _____

_____

_____

_____

20 _____ ★ _____

_____

_____

_____

20 _____ ★ _____

_____

_____

_____

20 _____ ★ _____

_____

_____

_____

20 _____ ★ _____

_____

_____

_____

Do you want to know how it ends?

20 ___ ★ _____

_____

_____

_____

20 ___ ★ _____

_____

_____

_____

20 ___ ★ _____

_____

_____

_____

20 ___ ★ _____

_____

_____

_____

20 ___ ★ _____

_____

_____

_____

5

DECEMBER

Who do you miss?

20 ___ ★ _____

_____

_____

_____

20 ___ ★ _____

_____

_____

_____

20 ___ ★ _____

_____

_____

_____

20 ___ ★ _____

_____

_____

_____

20 ___ ★ _____

_____

_____

_____

Today you gained _____.

20 ___ ★ _____

_____

_____

_____

20 ___ ★ _____

_____

_____

_____

20 ___ ★ _____

_____

_____

_____

20 ___ ★ _____

_____

_____

_____

20 ___ ★ _____

_____

_____

_____

7

DECEMBER
Where do you see yourself next year?

20 ___ ★ _____

_____

_____

_____

20 ___ ★ _____

_____

_____

_____

20 ___ ★ _____

_____

_____

_____

20 ___ ★ _____

_____

_____

_____

20 ___ ★ _____

_____

_____

_____

How ambitious do you feel today?

20 ___ ★ _____

_____

_____

_____

20 ___ ★ _____

_____

_____

_____

20 ___ ★ _____

_____

_____

_____

20 ___ ★ _____

_____

_____

_____

20 ___ ★ _____

_____

_____

_____

9

DECEMBER

What is your most recent act of generosity?

20 ___ ★ _____

_____

_____

20 ___ ★ _____

_____

_____

20 ___ ★ _____

_____

_____

20 ___ ★ _____

_____

_____

20 ___ ★ _____

_____

_____

DECEMBER

What surprised you today?

10

20 ___ ★ _____

_____

_____

_____

20 ___ ★ _____

_____

_____

_____

20 ___ ★ _____

_____

_____

_____

20 ___ ★ _____

_____

_____

_____

20 ___ ★ _____

_____

_____

_____

11

DECEMBER

Where do you find joy?

20 ___ ★ _____

_____

_____

_____

20 ___ ★ _____

_____

_____

_____

20 ___ ★ _____

_____

_____

_____

20 ___ ★ _____

_____

_____

_____

20 ___ ★ _____

_____

_____

_____

20 ___ ★ _____

_____

_____

_____

20 ___ ★ _____

_____

_____

_____

20 ___ ★ _____

_____

_____

_____

20 ___ ★ _____

_____

_____

_____

20 ___ ★ _____

_____

_____

_____

13

DECEMBER

What is your biggest regret?

20 _____ ★ _____

_____

_____

_____

20 _____ ★ _____

_____

_____

_____

20 _____ ★ _____

_____

_____

_____

20 _____ ★ _____

_____

_____

_____

20 _____ ★ _____

_____

_____

20 ___ ★ _____

_____

_____

_____

20 ___ ★ _____

_____

_____

_____

20 ___ ★ _____

_____

_____

_____

20 ___ ★ _____

_____

_____

_____

20 ___ ★ _____

_____

_____

_____

15

DECEMBER

Moderation or excess?

20 ___ ★ _____

_____

_____

_____

20 ___ ★ _____

_____

_____

_____

20 ___ ★ _____

_____

_____

_____

20 ___ ★ _____

_____

_____

_____

20 ___ ★ _____

_____

_____

_____

20 ___ ★ _____

_____

_____

_____

20 ___ ★ _____

_____

_____

_____

20 ___ ★ _____

_____

_____

_____

20 ___ ★ _____

_____

_____

_____

20 ___ ★ _____

_____

_____

_____

17

DECEMBER

If you had to move to a new city, where would you move?

20 ___ ★ _____

_____

_____

_____

20 ___ ★ _____

_____

_____

20 ___ ★ _____

_____

_____

20 ___ ★ _____

_____

_____

20 ___ ★ _____

_____

_____

What do you like to talk about?

20 ___ ★ _____

_____

_____

_____

20 ___ ★ _____

_____

_____

_____

20 ___ ★ _____

_____

_____

_____

20 ___ ★ _____

_____

_____

_____

20 ___ ★ _____

_____

_____

_____

19

DECEMBER

If you could change one thing about today, what would it be?

20 ___ ★ _____
_____
_____
_____

20 ___ ★ _____
_____
_____
_____

20 ___ ★ _____
_____
_____
_____

20 ___ ★ _____
_____
_____
_____

20 ___ ★ _____
_____
_____
_____

What is your dream vacation?

20 ___ ★ _____
_____
_____
_____

20 ___ ★ _____
_____
_____
_____

20 ___ ★ _____
_____
_____
_____

20 ___ ★ _____
_____
_____
_____

20 ___ ★ _____
_____
_____
_____

21

DECEMBER

If you could be the best at anything, what would it be?

20 ___ ★ _____

20 ___ ★ _____

20 ___ ★ _____

20 ___ ★ _____

20 ___ ★ _____

22

Did you meet someone new
recently? If so, who was it?

20 ___ ★ _____

20 ___ ★ _____

20 ___ ★ _____

20 ___ ★ _____

20 ___ ★ _____

23

DECEMBER

What's your favorite cereal?

20 ___ ★ _____
_____
_____
_____

20 ___ ★ _____
_____
_____
_____

20 ___ ★ _____
_____
_____
_____

20 ___ ★ _____
_____
_____
_____

20 ___ ★ _____
_____
_____
_____

DECEMBER

24

Write down a recent transition.

20 ___ ★ _____

_____

_____

_____

20 ___ ★ _____

_____

_____

_____

20 ___ ★ _____

_____

_____

_____

20 ___ ★ _____

_____

_____

_____

20 ___ ★ _____

_____

_____

_____

25

DECEMBER

Write down five words
that describe today.

20 ___ ★ _____

_____

_____

_____

20 ___ ★ _____

_____

_____

_____

20 ___ ★ _____

_____

_____

_____

20 ___ ★ _____

_____

_____

_____

20 ___ ★ _____

_____

_____

_____

26

On a scale of one to ten, how
spontaneous were you today?

20 ___ ★ _____

_____

_____

_____

20 ___ ★ _____

_____

_____

_____

20 ___ ★ _____

_____

_____

_____

20 ___ ★ _____

_____

_____

_____

20 ___ ★ _____

_____

_____

_____

27

DECEMBER

When was the last time you felt at peace?

20 ___ ★ _____

_____

_____

_____

20 ___ ★ _____

_____

_____

_____

20 ___ ★ _____

_____

_____

_____

20 ___ ★ _____

_____

_____

_____

20 ___ ★ _____

_____

_____

_____

DECEMBER

28

Snuggle down or go
out and play?

20 ___ ★ _____

_____

_____

_____

20 ___ ★ _____

_____

_____

_____

20 ___ ★ _____

_____

_____

_____

20 ___ ★ _____

_____

_____

_____

20 ___ ★ _____

_____

_____

_____

29

DECEMBER

What are your top
three wishes?

20 ___ ⋆ _____
_____
_____
_____

20 ___ ⋆ _____
_____
_____
_____

20 ___ ⋆ _____
_____
_____
_____

20 ___ ⋆ _____
_____
_____
_____

20 ___ ⋆ _____
_____
_____
_____

DECEMBER

List what you've eaten
for the past week.

20 ___ ★ _____

_____

_____

_____

20 ___ ★ _____

_____

_____

_____

20 ___ ★ _____

_____

_____

_____

20 ___ ★ _____

_____

_____

_____

20 ___ ★ _____

_____

_____

_____

31

DECEMBER
What is your most cherished
memory of this year?

20 __ ★ _____

_____

_____

_____

20 __ ★ _____

_____

_____

_____

20 __ ★ _____

_____

_____

_____

20 __ ★ _____

_____

_____

_____

20 __ ★ _____

_____

_____

_____

Published in the United States by Clarkson Potter/
Publishers, an imprint of Random House, a
division of Penguin Random House LLC, New York.
ClarksonPotter.com | RandomHouseBooks.com

CLARKSON POTTER is a trademark and POTTER
with colophon is a registered trademark of
Penguin Random House LLC.

ISBN 978-0-593-58022-6

Printed in China

Editor: Deanne Katz
Designer: Danielle Deschenes
Production editor: Joyce Wong
Production manager: Luisa Francavilla
Marketer: Chloe Aryeh

10 9 8 7 6 5 4 3 2 1

First Edition